Cet ouvrage a été réalisé par les éditions Milan
avec la collaboration de Céline Forgeron et Claire Debout.
Conception graphique : Bruno Douin
Maquette : Graphicat

Dépôt légal : 1er trimestre 2010
ISBN : 978-2-7459-4179-4
Imprimé en France par Pollina, 85400 Luçon - n°L52743c

LES GOÛTERS PHILO

BRIGITTE LABBÉ • P.-F. DUPONT-BEURIER

CROiRE ET SAVOiR

ILLUSTRATIONS DE JACQUES AZAM

Au menu de ton Goûter Philo

Tu le sais ou tu le crois ?

« Je ne comprends pas, je l'avais
cachée dans mon sac de couchage ! »
Mattéo est très énervé, cela fait une
heure qu'il cherche sa lampe de poche.
« Mais qui a bien pu la prendre ?
— C'est Juliette, dit Antonin.
— Ah bon ? Tu es sûr ? » demande
Mattéo.

Imaginons une suite :
« Oui, je sais que c'est Juliette,
répond Antonin.
— Comment tu sais que c'est elle ?
l'interroge Mattéo.

— Je l'ai vue entrer dans ta tente ce matin, et elle est ressortie avec la lampe de poche. »

Antonin a des preuves. Il sait.

Imaginons une autre suite :

« Je crois vraiment que c'est elle, dit Antonin.

— Pourquoi tu crois que c'est elle ? l'interroge Mattéo.

— Tu n'as pas entendu Juliette hier soir ? Elle a dit qu'elle avait perdu sa lampe de poche. »

Antonin explique pourquoi il croit que Juliette a pris la lampe. Il n'a pas de preuve, il croit.

Le soleil se lèvera-t-il demain matin ?

Quelle question ! Évidemment. On répond tous : oui ! Il n'est jamais arrivé qu'un matin on cherche le soleil partout et que l'on reste dans la nuit. Mais comment sait-on que demain, ce sera comme aujourd'hui, et comme hier, et comme avant-hier, et avant-avant-hier et comme tous les autres matins du passé ? Peut-être que la Terre va s'arrêter de tourner cette nuit, et que nous allons rester dans la nuit. Peut-être que la lune va se mettre devant le soleil et ne plus bouger. Peut-être que le soleil va exploser cette nuit et s'éteindre. Cela n'est jamais arrivé, d'accord. Mais est-ce que cela prouve que cela n'arrivera jamais ? Non.

Un **cygne** noir

Question : combien de cygnes blancs faut-il voir pour affirmer : « Tous les cygnes sont blancs » ?

100 ? Non, beaucoup plus ! 1 000 ? 100 millions ? 10 milliards ? Non, même pas.

En fait, il faudrait avoir vu tous les cygnes, dans le monde entier, depuis toujours, pour dire que tous les cygnes sont blancs.

Question : combien de cygnes noirs faut-il voir pour dire que la phrase : « Tous les cygnes sont blancs » est fausse ?

Un. Un seul cygne noir suffit.

C'est terrible ! On peut passer toute sa vie à faire le tour du monde pour prouver que tous les cygnes sont blancs, on peut penser

qu'on a réussi parce que pendant 50 ans, on n'a vu que des cygnes blancs et… patatras. Catastrophe : sur un tout petit lac, dans un tout petit coin d'Australie, soudain, surgit un cygne noir.

Pour prouver que quelque chose est faux, il suffit d'un exemple, d'un seul exemple. Mais pour prouver que quelque chose est vrai, donner des exemples, même des milliards d'exemples, cela ne suffit jamais.

Demain, après-demain et tous les jours qui suivent

Personne ne sait ce qui va se passer demain, après-demain, après-après-demain et tous les jours suivants jusqu'à la fin de sa vie.

- Demain, on sait qu'on va à l'école,
- qu'on reste déjeuner à la cantine,
- qu'on rentre à la maison à 17 h…
- Mais demain, en allant à l'école,
- on va peut-être glisser sur une peau

de banane et se casser une jambe
et revenir à la maison avec un plâtre
et des béquilles... ou alors, on va
réussir à embrasser Lou, ou ne pas
réussir, une fois de plus... ou
se faire voler son sac... ou recevoir
1 000 euros d'une tante qui
rentre d'Amérique... ou...

AUJOURD'HUI

On ne sait pas ce qui va se passer demain, après-demain, après-après-demain et tous les jours suivants jusqu'à la fin de sa vie. Rien n'est sûr. Tout est incertain. On vit tous dans l'incertitude.

Ne passe pas sous l'échelle !

« Pourquoi tu me tires par la manche ?
Lâche-moi !
— Mais regarde devant toi, il y a
une échelle, il ne faut jamais passer
sous une échelle, explique Luc.

— Ah bon ? dit Éloi. Qu'est-ce
qu'on risque si on passe dessous ?
— Il t'arrive plein de malheurs.
Oh ! Là-bas, sur le toit, regarde,
il y a un chat, il est noir, vite,
faisons demi-tour !
— Pourquoi ? s'étonne Éloi.
— Les chats noirs portent malheur.
Sauf si tu touches du bois tout de suite »,
répond Luc en se précipitant vers
une table en bois à la terrasse du café.

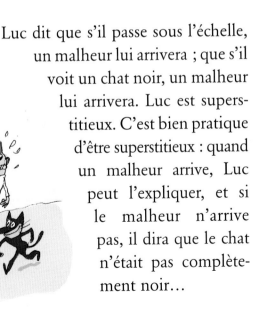

Luc dit que s'il passe sous l'échelle, un malheur lui arrivera ; que s'il voit un chat noir, un malheur lui arrivera. Luc est superstitieux. C'est bien pratique d'être superstitieux : quand un malheur arrive, Luc peut l'expliquer, et si le malheur n'arrive pas, il dira que le chat n'était pas complètement noir…

« Dites-moi si je vais rencontrer
un amoureux ! »
La femme étale ses osselets
sur la table, elle en prend un,
le replace avec les autres et répond :
« Oui, tu vas rencontrer un garçon,
et vous allez vous aimer mais
attention, au bout de quelques mois...
— Ah bon... Et est-ce que je vais
avoir mon bac ? »
La femme mélange les osselets
et les jette sur la table.
« Oui, mais peut-être pas
du premier coup. »

Karine est rassurée, elle sait à peu près ce qui
va lui arriver.

« Maman, Maman, c'est génial,
j'ai lu dans mon horoscope
que je vais faire un grand voyage,
et ils disent que c'est surtout vrai
pour les gens nés entre le 22
et le 25 juin. »

Il y a beaucoup de gens superstitieux, comme Luc, il y a des millions de gens qui lisent chaque jour leur horoscope pour savoir ce qui va se passer dans leur vie, ou qui paient très cher pour qu'on leur raconte leur avenir…

Les hommes ne savent pas ce qui va se passer demain, après-demain, et tous les jours qui suivent. Personne ne le sait : on vit tous dans l'incertitude. Et cela peut faire peur. Tellement peur que l'on peut devenir crédule : pour se rassurer, on croit n'importe quoi.

Les petits pois glissent sur les fourchettes

« On ne mange pas avec les doigts, prends ta fourchette ! dit Lorenzo.

— Je n'y arrive pas, les petits pois tombent à chaque fois.

— Pique-les.

— C'est trop long !

— On ne touche pas la nourriture avec ses mains.

— Mais je viens de me les laver !

— Même !

— Pourquoi ?

— Parce que c'est comme ça. »

Comment trouver de bonnes raisons pour expliquer au petit frère de Lorenzo qu'il doit manger avec des couverts ? Parce que c'est plus pratique ? Pas sûr : on attrape quand même mieux les petits pois avec les doigts. Parce que c'est plus propre ? Il y a peut-être plus de microbes sur une fourchette qui sort d'un tiroir que sur des doigts bien lavés au savon. Parce que c'est meilleur pour la santé ? Non, que l'on mange avec les doigts ou avec une fourchette, on mange la même chose. Pas facile de trouver de bonnes raisons, de bons arguments ! Peut-être même qu'il n'y en a pas. D'ailleurs, à Rabat, au Maroc, Hafida mange avec ses doigts, elle mange même directement dans le plat posé au milieu de la table.

Et si le petit frère demande pourquoi il ne peut pas se gratter l'oreille avec sa fourchette ? Là, c'est différent, Lorenzo trouvera de bonnes raisons. Il peut se blesser, se percer le tympan et devenir sourd de cette oreille. Hafida donnera les mêmes raisons, les mêmes arguments.

Il y a des pourquoi auxquels on répond : « C'est comme ça », parce qu'on en a l'habitude, parce que c'est la tradition, la coutume. Et il y a des pourquoi auxquels on peut répondre avec des raisons, avec des arguments.

Nous sommes les enfants de...

Il existe des centaines de religions, des centaines de croyances : il y a des hommes et des femmes bouddhistes, animistes, musulmans, protestants, orthodoxes, adventistes, taoïstes, évangélistes, hindouistes, juifs, shintoïstes, baptistes, catholiques, jaïnistes, sikhs, chamanistes...

Samir est né dans une famille
musulmane, il va à la mosquée
le vendredi avec son papa ;
dans la famille de Mireille, on n'a pas
de religion, tout le monde est athée ;
la maman d'Esther est juive, et tous
les samedis, elle emmène Esther
à la synagogue ; les parents
de François sont catholiques, ils vont
avec François à l'église chaque
dimanche ; le papa de Bin est taoïste ;
la famille d'Anna prie les esprits
du lac ; celle de John est protestante...

Samir, Mireille, Esther, François, Bin, Anna
et John vont devenir des adultes et quitter
la maison de leurs parents. Que vont-ils
faire ? On ne sait pas, mais on est presque
sûr que ni Samir ni John ne croiront aux
esprits du lac, que Mireille et Esther n'iront
pas prier à la mosquée, que François n'ira pas
à la synagogue, ni Anna, ni Bin.
Qu'est-ce que cela veut dire ? Si Samir continue d'aller à la mosquée et de faire le ramadan,

que dira-t-on ? Qu'il est musulman ou qu'il est l'enfant de musulmans ? Si Mireille n'a aucune religion, on dira qu'elle est athée ou qu'elle vient d'une famille d'athées ? Si Esther continue de pratiquer sa religion, on dira qu'elle est de religion juive ou qu'elle est l'enfant de parents de religion juive ? Si François va à la messe tous les dimanches et fait baptiser ses enfants, on dira qu'il est catholique ou qu'il est enfant de catholiques ?

Bien sûr, ils sont tous libres : on a tous le droit d'avoir ses croyances. Mais ce serait bien de se poser la question : nos croyances, on les choisit ou on les a reçues ?

C'est évident !

Pierre a la même
taille que Tarek
et Tarek a
la même taille
que Paul, donc
Pierre a la même
taille que Paul.

C'est vrai, on le sait. Pas besoin de l'expliquer ni de le prouver. C'est évident : Pierre et Paul ont la même taille.

Si les pommes coûtent 2 euros
le kilo, et que les carottes coûtent
le même prix que les pommes,
alors les carottes coûtent 2 euros
le kilo.

Évident !

Pas besoin de mesurer, de compter, de faire des tests et des expériences : ce sont des évidences. Tout le monde sait que c'est vrai.

La pomme de terre est dans le sac
et le sac est dans la cave. Donc
la pomme de terre est dans la cave.

Encore une évidence. Aucun doute, c'est vrai.

Marine est au cinéma et Arthur est
avec Marine. Donc Arthur est
au cinéma.

Évident !

Pierre est le copain de Tarek
et Tarek est le copain de Paul,
donc Pierre est le copain de Paul.

Ah non, là, ce n'est pas du tout une évidence. Attention au piège ! Ici, il faut enquêter, il faut questionner Pierre et Paul. D'ailleurs, peut-être que Pierre ne connaît même pas Paul !

Ces hommes sont dangereux

Rome, 17 février 1600 :

Giordano Bruno s'avance vers
le bûcher. Tout le monde sait

pourquoi cet homme est condamné à mort : il dit que l'univers est immense et qu'il y a peut-être d'autres mondes que le nôtre. Tuer un homme pour ça ! On a du mal à penser que c'est arrivé pour de vrai.

Oxford, 30 juin 1860 :

« Cet homme est le plus dangereux d'Angleterre ! » hurle l'évêque en parlant de Charles Darwin, un scientifique qui explique que l'être humain est un animal comme les autres, et qu'aucun être vivant n'est arrivé sur terre, d'un coup, comme ça, comme il est aujourd'hui.

Ce sont des fanatiques qui ont brûlé Giordano Bruno, ce sont des fanatiques qui ont voulu faire taire Charles Darwin. Des fanatiques sont des gens qui sont sûrs de posséder le savoir, la vérité absolue, ils veulent l'imposer aux autres, ils ne supportent pas que quelqu'un pose des questions sur ce qu'ils croient.

Il m'a claqué la porte au nez !

« Quel âge a le monde ?
demande Kévin.

— 6 000 ans, répond Benoît.

— 6 000 ans ? Pas plus ? Mais les dinosaures ont 200 millions d'années, où étaient-ils si la Terre n'existait pas ?

— Mais non, ils n'ont pas plus de 6 000 ans, ils ne peuvent pas être plus vieux que le monde.

— C'est vrai, ils ne peuvent pas être plus vieux que le monde. Mais quand même, il y a des fouilles en Afrique, on a trouvé un squelette presque entier de quelqu'un qui marchait comme nous, sur deux jambes, et qui vivait il y a 3 millions d'années !

— Et comment ils savent ça ?

— Il y a des techniques pour calculer l'âge des os, des fossiles, des pierres, ils ont trouvé des os vieux de centaines de millions d'années, tu te rends compte ?

— Et tu crois à leurs techniques ? Une fois, ils disent 3 millions d'années, une fois 6...

— Alors pourquoi, à l'école, le professeur ne dit pas que le monde a 6 000 ans ?

— Tout le monde ne le sait pas.

— Et toi, comment tu le sais ?

— C'est évident, c'est écrit.

— Où ?

— Dans les textes sacrés.

— Et alors ? s'étonne Kévin.

— Tout ce qui est écrit dans le livre sacré est vrai », affirme Benoît.

Pas facile de continuer la discussion. Quand Benoît dit que la vérité est écrite dans un livre, c'est comme s'il disait à Kévin : tes arguments

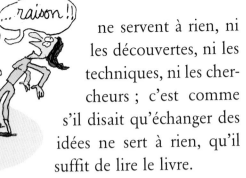

ne servent à rien, ni les découvertes, ni les techniques, ni les chercheurs ; c'est comme s'il disait qu'échanger des idées ne sert à rien, qu'il suffit de lire le livre.

Voilà le problème quand on n'a aucun doute, quand on est absolument sûr de tout savoir : on ne laisse plus aucune place aux autres. On n'écoute plus les arguments des autres, on ferme complètement son esprit, comme si on claquait la porte de sa maison au nez de quelqu'un. Être poli, ce n'est pas seulement dire bonjour, merci et s'il te plaît… Il existe aussi la politesse de l'esprit : recevoir les arguments des autres et offrir ses arguments aux autres.

Un monde sans explication

Lucie pose le tas de brindilles sèches sur une grande pierre, à l'abri du vent. Elle balaie tout autour pour qu'il n'y ait aucun papier ni aucune feuille, puis elle sort la grande loupe de son sac. « Pourvu que ça marche ! » se dit-elle en posant un seau d'eau à côté d'elle. Elle approche la loupe du tas de brindilles, elle la penche un peu d'un côté, puis de l'autre, et soudain, elle crie :

« Regardez ! Le feu prend !
Les brindilles brûlent !

— C'est génial ! Mais pourquoi elles prennent feu ? » demandent Martin et Émilia.

Lucie va chercher d'autres brindilles, elle recommence une fois, deux fois, trois fois, elle voit de mieux en mieux ce qu'il faut pour que le feu démarre : des brindilles sèches, la loupe à environ 30 centimètres et légèrement inclinée sur la gauche, et aucun nuage devant le soleil. Mais elle finit par s'énerver : elle n'arrive pas à expliquer à ses amis pourquoi les brindilles prennent feu sans qu'elle utilise d'allumette.

Lucie peut regarder les brindilles prendre feu 10 fois, 100 fois, 1 000 fois… Elle verra ce qui marche, mais elle ne verra jamais pourquoi ça marche.

- Quand on fait chauffer de l'eau pour faire des pâtes, on voit des gouttes d'eau se former sur le couvercle de la casserole. Pendant l'orage, on voit l'éclair illuminer le ciel avant d'entendre le boum du tonnerre…

On voit tout le temps des événements se produire, à la maison, dans la nature, partout. Mais on est tous comme Lucie : on ne voit pas les explications.

Ah oui !

On peut observer pendant des années les arcs-en-ciel, on ne verra jamais pourquoi ils ont cette forme d'arc et pas de triangle ou de carré, on ne verra jamais pourquoi ce sont ces couleurs-là qui apparaissent, et pas d'autres, et dans cet ordre-là, pas dans un autre. On n'y peut rien, le monde dans lequel nous vivons est comme cela : il ne montre pas d'explication. Si on veut savoir, on doit chercher.

Pourquoi ce qui se passe se passe comme ça se passe ?

Les 3 amis réfléchissent. Émilia prend la loupe et met sa main dessous.
« Regardez, il y a un point jaune au milieu de ma main ! » Mais soudain, Lucie et Martin voient Émilia retirer sa main et la plonger dans le seau d'eau. « C'est dangereux, ça brûle super fort ! »
Lucie, Martin et Émilia réfléchissent tout haut : ça chauffe fort sous la loupe... On a aussi très chaud

derrière la vitre
de la voiture
quand le soleil
tape dessus...
mais derrière
la vitre de la voiture,
on n'a jamais vu de point jaune
apparaître sur nos vêtements...
Peut-être que la loupe attire tous
les rayons du soleil au même endroit...
peut-être qu'ils traversent la loupe
et qu'ils ressortent de l'autre côté
en un gros rayon très très fort...
Tiens, c'est bizarre, le verre de
la loupe est un peu bombé, il n'est pas
plat comme une vitre... peut-être que...

Lucie, Martin et Émilia commencent à imaginer des explications, ils font des suppositions, ils construisent des hypothèses. Plus tard, s'ils étudient les mathématiques, la physique, l'optique..., ils pourront vérifier avec des calculs et des expériences si leurs explications étaient justes, si leurs hypothèses étaient bonnes. Pour savoir pourquoi ce qui se passe se passe comme ça se passe, on doit d'abord imaginer des explications.

Je suis le meilleur goal de l'école

C'est incroyable ! Le nouveau
qui est arrivé à l'école a passé
une semaine à regarder tout le monde
jouer au football et puis,
tout à coup, il a déclaré :
« Je sais que c'est moi le meilleur
gardien de but.

— Ah bon ? Eh bien, si tu le sais, prouve-le !

— OK », a répondu le nouveau.

Tout le monde s'est mis d'accord : les 23 joueurs de football de l'école vont tirer chacun 3 fois contre les 6 gardiens. Marius calcule qu'il y aura donc 69 tirs contre chacun des 6 gardiens, donc 414 tirs en tout. Emma trace un tableau avec le nom des gardiens, celui des joueurs et des cases pour noter les scores. Deux semaines plus tard, les résultats sont là : le nouveau a arrêté 64 tirs, Damien 59, Marius 44, Hélène 35, Yvan 27, Lou 21. Pas de doute : le nouveau est le meilleur gardien de but de l'école.

Et si le nouveau avait refusé les tests ? On aurait tout de suite pensé qu'il était seulement un frimeur. Mais là, non seulement il est bon en football, mais en plus, il est courageux. Parce que, en disant « je sais que je suis le meilleur », il a pris un risque : le risque de se tromper.

Dire « je sais », c'est accepter le risque d'avoir tort.

Comment sait-on qu'on sait ?

Pendant des siècles, les hommes ont dit qu'ils savaient que le soleil tournait autour de la Terre et que la Terre était immobile. Et ils avaient de bonnes raisons pour expliquer ce savoir : chaque soir, on voit bien le soleil disparaître et chaque matin, on le voit revenir, c'est bien la preuve qu'il bouge ; et les gens très savants le disaient aussi et puis si la Terre bougeait, on le sentirait...

Pendant 20 siècles, les professeurs ont décrit ce monde à leurs élèves. Et puis, des mathématiciens, des astronomes, des physiciens, des scientifiques ont démontré que c'était faux, ils ont réussi à prouver que c'est la Terre qui tourne autour du soleil. Donc, pendant plus de 20 siècles, les hommes ont dit qu'ils savaient, mais en fait, ils croyaient.

Depuis toujours, on cherche à expliquer le monde. On trouve une explication, puis une autre qui a l'air d'être meilleure, puis une autre, et encore une autre… Depuis toujours, les connaissances se construisent en détruisant les connaissances d'avant ; le savoir se construit en détruisant le savoir d'avant. Le savoir que l'on a aujourd'hui, c'est le savoir qui a résisté jusqu'à aujourd'hui.

Je n'en crois pas mes yeux !

« Oh ! C'est incroyable ! »
Tout le monde se précipite vers
la tour Eiffel, on n'a jamais vu ça !

« Je n'en crois pas mes yeux !
Comment est-elle venue jusqu'ici ?
Vite, sors ton appareil photo !
Qu'est-ce qu'elle fait là ? »

On n'a jamais vu une girafe sous la tour Eiffel ! Tout le monde veut savoir comment elle est arrivée là, d'où elle vient, si elle appartient à quelqu'un, où elle va… Quand on s'étonne, on se pose des questions.

Mais pourquoi des hirondelles
alignées sur des fils électriques
ne meurent pas électrocutées,
et pourquoi les avions laissent
une traînée blanche derrière eux,
et pourquoi on pleure quand on épluche
des oignons, et pourquoi des bateaux
énormes flottent alors qu'un petit
caillou coule tout de suite,
et pourquoi l'étoile Polaire brille
plus que les autres, et pourquoi
sur la plage du Pyla, on marche
sur du sable alors que sur la plage

de Kayalar, on se fait mal
sur des galets, et pourquoi l'eau
de la mer est salée, et pourquoi
la neige est blanche et le sang rouge,
et pourquoi la lune ne tombe pas
sur la Terre, et pourquoi les chats
voient la nuit, et pourquoi
il n'y a pas beaucoup de gens
aux cheveux roux, et pourquoi
on rougit quand on est timide,
et pourquoi des bleus apparaissent
sur la peau quand on se cogne ?

C'est l'étonnement qui pousse les hommes à vouloir savoir. C'est parce qu'on est capable de s'étonner que la science existe, que le savoir progresse. Les scientifiques sont des gens étonnés, pour qui rien ne va de soi, pour qui tout pose problème. Aussi bien une girafe en liberté dans Paris que l'existence de la lune ou la couleur rouge d'une fraise. Avoir l'esprit

scientifique, c'est cela : vouloir savoir ce qui se passe derrière tout ce qu'on voit, tout ce qu'on entend, ce qu'on sent, ce qu'on goûte, ce qu'on touche.

Croire ou ne pas croire

Pénélope prend ses ciseaux et découpe un petit morceau de la chemise de Jules. Elle le fait tremper dans 10 centilitres du parfum préféré de Jules et ajoute un de ses cheveux. Après macération, elle met tout dans une casserole avec un petit bout d'ongle de son annulaire et 15 gouttes de ses larmes qu'elle a récupérées en épluchant des oignons.

Et encore, rien n'est sûr.

« Qu'est-ce que tu mijotes ?
s'étonne son amie Iris.
— Je veux savoir si Jules m'aime
vraiment. C'est une méthode
qui marche, tu vas voir »,
explique Pénélope en remuant bien.

Évidemment, on se demande si Pénélope n'a pas perdu la raison… Bien sûr, on comprend très bien qu'elle ait envie de savoir si Jules l'aime. Mais on espère qu'Iris va lui expliquer qu'il n'y a qu'une seule méthode pour le savoir : demander à Jules.

« Mais si je lui demande,
il peut dire oui pour me faire plaisir
ou parce que ça l'arrange
ou parce qu'il veut rendre Lola
jalouse, et puis peut-être qu'il pense
qu'il m'aime mais qu'il se fait
juste des idées… »

Pénélope a raison, tout cela peut arriver : on peut mentir sur ses sentiments, se mentir à soi-même, ne pas savoir exactement ce qu'on ressent…

Pénélope saupoudre le mélange
de poudre de coquille d'escargot.

On sait que Pénélope fait n'importe quoi : aucune recette ne lui dira si Jules l'aime. Il y a des questions auxquelles on ne peut pas répondre avec certitude. Personne ne peut dire à Pénélope : « Je sais avec certitude que Jules t'aime. » Ici, le savoir n'a pas de place. On a un seul choix : croire ou ne pas croire. Croire à l'amour… ou ne pas y croire ; croire en l'amitié… ou ne pas y croire ; croire en la gentillesse… ou ne pas y croire…

La confiance

« Tu seras toujours ma meilleure amie ?
— Oui, toujours. Et toi, même
quand on sera grandes, tu seras
encore ma meilleure amie ?
— Oui, on est amies pour
toute la vie.
— Oui, pour toujours. »

Dans le monde entier, des amis se disent ces mots-là. Au moment où ils échangent ces promesses d'amitié, chacun croit l'autre. Pourtant, rien ni personne ne peut prouver qu'ils disent la vérité. Mais les amis, ce jour-là, se croient. Ils se font confiance. Croire, c'est aussi faire confiance. C'est donner sa confiance, sans demander de preuve en échange. Croire, c'est plonger dans l'incertitude, c'est oser se passer de raisons pour se lancer dans la grande vie.

Vas-y, crois en toi !

Clémence ajuste son bonnet de bain et monte sur le plongeoir. Dans 20 secondes, le coup de pistolet va retentir et les nageuses s'élanceront. 100 mètres, et au bout, peut-être une médaille d'or. Clémence se concentre. Elle entend encore les dernières paroles de Georges, son entraîneur : « Vas-y, crois en toi ! »

Crois en toi ! En général, on dit croire en Dieu ou croire en des esprits supérieurs ou en un grand créateur de l'univers ou croire en rien. Mais croire en soi ?

En fait, Georges demande à Clémence de croire qu'elle est capable de gagner ; il lui demande d'avoir confiance en elle. Croire en soi, c'est se faire confiance.

Si Clémence croit en elle, elle plongera.

Heureusement qu'on est capable de croire ! Heureusement qu'on peut agir sans savoir exactement ce qui va se passer ! Croire, pour essayer, pour tenter, pour se lancer dans des projets…

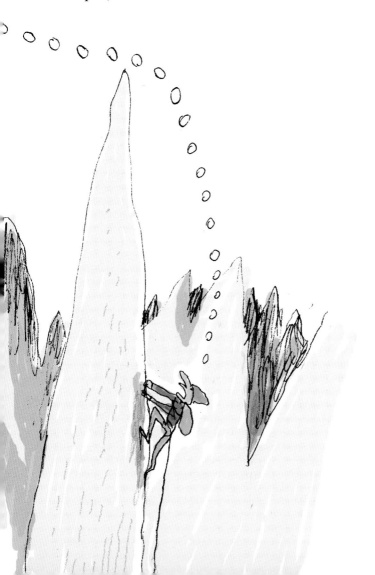

Brigitte Labbé est écrivain. Pierre-François Dupont-Beurier est
professeur agrégé de philosophie. Jacques Azam illustre tous les
« Goûters Philo » et signe également des BD chez Milan.

Q uelquefois, on se retrouve entre amis,
à deux, à trois ou plus, pour regarder
un film, faire un jeu, préparer un exposé
ou simplement écouter de la musique.
Ou bien on est là, ensemble, sans rien faire de
spécial. Et il arrive que la conversation démarre,
sur un sujet qui intéresse tout le monde.

MON CAHIER
GOÛTER PHILO

Sans s'en rendre compte, on se lance
dans de grandes discussions sur les parents,
les professeurs, les amis, sur l'amour,
la guerre, la honte, l'injustice…
On refait le monde ! Et le soir,
quand on se retrouve seul, on y repense.

C'était vraiment bien de pouvoir parler
de tout ça, même si parfois, on est furieux
parce qu'on n'est pas du tout d'accord
avec ce que les autres disent, ou parce
qu'il y en a qui veulent tout le temps
parler et n'écoutent rien.

UN VRAI GOÛTER PHILO

Mais alors ! Si c'était bien, pourquoi ne pas organiser des débats, des discussions, sur un sujet qu'on choisirait ensemble ? À la maison, chez des amis ou, pourquoi pas, à l'école ?

Alors voici quelques trucs pour réussir un vrai « goûter philo » :

● Il vaut mieux ne pas être plus de 10 personnes.

● Évidemment, il faut un bon goûter, à boire et à manger !

● C'est bien d'être assis par terre...
On peut s'installer comme on veut, on parle plus librement !
Et on peut mettre le goûter au milieu du cercle...

● Quelqu'un est chargé de proposer plusieurs sujets. Sauf si tout le monde s'est déjà mis d'accord pour parler de quelque chose de précis.

UN VRAI GOÛTER PHILO

● Chacun réfléchit pour décider quel sujet il préfère, sans rien dire aux autres pour ne pas les influencer.

AUJOURD'HUI

● Quand tout le monde a choisi, on vote pour le sujet dont on a le plus envie de parler. Attention : un seul vote par personne.

● Le sujet qui a le plus de voix gagne : c'est de cela qu'on va parler aujourd'hui.

Les autres trucs, pour réussir à s'écouter, pour ne pas s'agresser, pour accepter les idées différentes des siennes, pour laisser parler tout le monde, ces autres trucs, vous les trouverez vite vous-mêmes !

C'est parti ! Donnez-vous une heure. Mais après tout, vous pouvez aussi y passer la journée !

UN VRAi GOûTER PHILO
SuR CROiRE ET SAVOiR

Les jus de fruits et les gâteaux sont là, le sujet aussi : aujourd'hui, vous avez choisi « Croire et savoir ». Si la discussion a du mal à démarrer – cela arrive quelquefois, on se regarde tous et personne ne sait quoi dire ! –, voici quelques pistes pour lancer le débat :

● Qui connaît des gens superstitieux comme Luc, page 12 ? Si on pouvait discuter avec Luc, on lui dirait quoi ?

● Il n'existe pas de bonnes raisons pour convaincre le petit frère de Lorenzo, page 15, de manger avec des couverts. Est-ce que nous avons d'autres exemples de choses que nous faisons sans qu'il existe de bonnes raisons de les faire ?

● Qui a déjà fait des expériences et cherché des explications, comme Lucie et ses amis, page 28 ?

● Page 33, on s'étonne sur plein de choses ! Et nous, qu'est-ce qui nous étonne chaque jour ?

UN VRAI GOÛTER PHILO
SUR CROIRE ET SAVOIR

Pour s'aider, on peut naviguer comme cela dans le livre. Quelqu'un lit tout haut un passage, ou une des petites histoires. Cela fait penser à des histoires qui nous sont arrivées ou sont arrivées à d'autres, on les raconte et on essaie, ensemble, de comprendre ce qu'elles veulent dire.

Et encore, rien n'est sûr.

● On peut aussi se poser des questions, et en poser aux autres. Et chercher ensemble des réponses… ou bien se rendre compte que, quelquefois, on ne trouve pas de réponse : derrière une question, il s'en cache une autre, et encore une autre, et encore une autre…

● En voici quelques-unes, en vrac… de quoi s'occuper des heures ! « *Pourquoi dit-on parfois : "Je n'en crois pas mes yeux" ?* » ; « *Peut-on savoir ce qui se passera dans un an, dans un mois, dans un jour ou juste dans une minute ?* » ; « *Nos croyances, on les choisit ou on les reçoit de notre famille ?* » ; « *Parmi tout ce qu'on apprend à l'école, est-ce qu'il y a des choses qu'on sait et d'autres qu'on croit ?* » ; « *Quand on a un ami, on sait qu'il est notre ami ou on le croit ?* » ; « *Que veut dire "croire en soi" ?* »…

À vous de jouer ! À vous de goûter !
À vous de philosopher !

MES IDÉES...

MES IDÉES...